Birgit Kaufmann

Die freche Bastelmaus

Knete, Salzteig, Ton und Gips

Inhalt

Was du zum Modellieren brauchst **4**

So geht's **5**

Freundliche Drachen **6**

Fruchtige Kühlschrankmagnete **8**

Hübsche Schmuckdose **10**

Regenbogenbunter Schmuck **12**

Edles Schreibtischutensilo **14**

Über den Wolken **16**

Gruselparty im Kinderzimmer **18**

Dein Memospiel **20**

Hier wohnt die Prinzessin! **22**

Witzige Fingerpuppen **24**

Bunte Schälchen **26**

Achtung, Piraten! **28**

Kaffeekränzchen. **30**

Ab in die Badewanne **32**

Der gute Zauberer **34**

Pünktchen, das Huhn. **36**

Mmmh, lecker!. **38**

Kleine Knet-Eule **40**

Lustige Kugelraupen. **42**

Wolliges Schäfchen. **44**

Rein in die gute Stube! **46**

Impressum **48**

Was du zum Modellieren brauchst

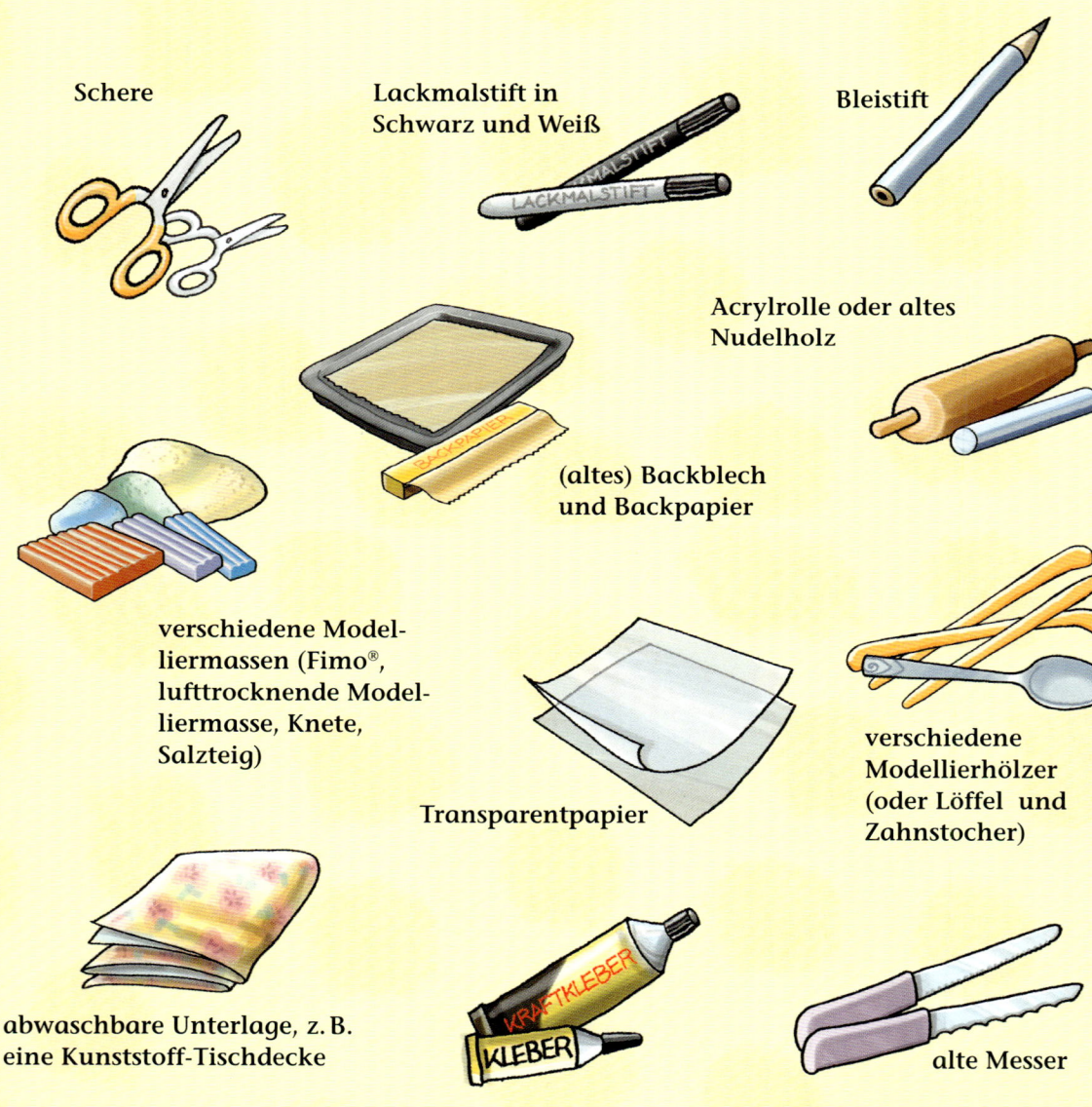

So geht's

Fimo®
Du kannst mit der fertigen Fimo®-Masse arbeiten oder neue Farben mischen. Verknete dazu die angegebene Menge Rippen gründlich miteinander oder probiere selbst deine eigenen Farbmischungen aus. Figuren aus Fimo® werden gleich nach dem Fertigstellen im Backofen bei 110 °C max. 30 Minuten gehärtet. Lass dir dabei von einem Erwachsenen helfen!

Grundrezept für Salzteig
2 Tassen Mehl
2 Tassen Salz
20 EL Wasser

Verknete alles gründlich und lasse den Teig ca. 20 Minuten ruhen. Danach noch mal durchkneten. Ist der Teig zu weich, musst du noch etwas Mehl hinzufügen. Ist er zu trocken, knetest du noch einige Tropfen Wasser ein.

Salzteig färben
Du kannst Salzteig prima mit Lebensmittelfarbe einfärben. Gib dazu einige Tropfen der Farbe auf ein Stück Salzteig und knete gründlich durch, bis es eine gleichmäßige Farbe hat. Braunen Salzteig erhältst du, wenn du Kakao in den Teig einknetest.

Salzteig trocknen
Deine Salzteigfiguren trocknest du am besten im Backofen. Je dicker der Salzteig ist, desto länger dauert das Backen. Bei Ober- und Unterhitze auf der unteren Schiene: Beginne mit 50 °C und belasse es dabei eine Stunde lang, es folgen drei Stunden bei 75 °C, dann eine Stunde bei 100 °C, zum Schluss 125 °C eine Stunde lang. Fertig gebackene Teile klingen hohl.

Teile zusammensetzen
Fimo®-Teile kannst du einfach zusammendrücken und mit einem Modellierholz die Ränder nacharbeiten. Bei Salzteig und Modelliermasse feuchtest du die Teile, die du zusammensetzen möchtest, erst leicht mit Wasser an. Größere Teile kannst du auch mit einem Zahnstocherstück verbinden.

So kopierst du die Vorlagen
Pause die Vorlage auf Transparentpapier ab und lege sie ausgeschnitten auf die ausgerollte Modelliermasse. Fahre die Linien mit einem spitzen Bleistift nach und nimm die Vorlage wieder ab. Mit einem Messer oder einer Prickelnadel kannst du nun die durchgedrückten Linien ausschneiden.

Freundliche Drachen
aus Salzteig, Kürbis- und Pinienkernen

Das brauchst du

½ Grundrezept Salzteig
Lebensmittelfarbe in
Grün und Orange
4 Wacholderbeeren
getrocknete Orangen-
scheibe
8 Kürbiskerne
3 Pinienkerne
Buntstift in Rot
Zahnstocher
Messer

1 **Teile den Salzteig** in zwei Hälften und färbe die eine grün, die andere orange ein.

2 **Trenne von dem Salzteig** ein Stück für den Kopf, ein kleineres für den Hals und vier kleine Stücke für die Beine ab. Den Kopf formst du oval, für den Hals und die Beine benötigst du jeweils eine Kugel. Den Rest des Teigs formst du zu einem „Tropfen", das spitz zulaufende Ende ist der Schwanz des Drachen.

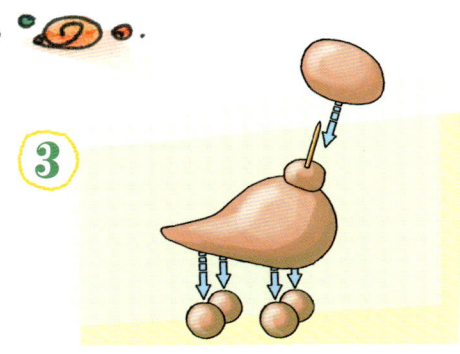

Forme den Drachenkörper und stecke den Zahnstocher dort hinein, wo der Hals sein soll. Stecke die Halskugel darauf und danach den Kopf. Die vier Kugelbeine legst du auf die Arbeitsfläche, stellst den Drachenkörper darauf und drückst ihn ganz vorsichtig fest.

Verziere deine Drachen mit Wacholderbeeren als Augen und mit verschiedenen Kernen oder halbierten Orangenscheiben als Flügel.

Trockne die Salzteigdrachen im Backofen (vgl. dazu Seite 5 „So geht's"). Mit einem roten Buntstift kannst du deinen Drachen noch einen lachenden Mund aufmalen.

Fruchtige Kühlschrankmagnete
strahlen dich an

Das brauchst du

Fimo® in Mandarine, Apfelgrün, Indischrot, Himbeere, Smaragd und Schokolade
Lackmalstifte in Schwarz und Weiß
4 selbstklebende Magnete, 15 mm x 15 mm
Zahnstocher
Messer oder Prickelnadel
Teigroller
Vorlagenbogen A

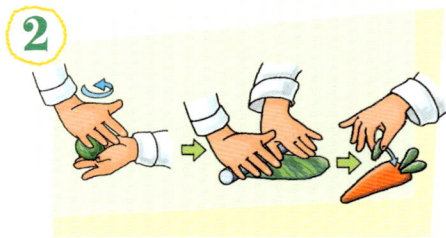

Vermische eine Rippe Apfelgrün mit einer Rippe Smaragd zu einer marmorierten Kugel. Rolle sie aus und fertige daraus die Blätter. Befestige sie an der Karotte.

① Rolle für die Karotte vier Rippen der orangefarbenen Fimo®-Masse zu einer 5 mm dicken Platte, übertrage die Vorlage darauf und schneide sie aus. Glätte vorsichtig die Ränder.

Aus einem kleinen Stückchen Rot knetest du eine ovale Nase und befestigst sie an der Karotte. Drücke zum Schluss mit einem Zahnstocher kleine Rillen in die Karotte.

4 **Rolle für den Apfel** vier Rippen Indischrot aus. Schneide mithilfe der Vorlage den Apfel aus und glätte die Ränder.

5 **Stelle eine marmorierte** Kugel aus Apfelgrün und Smaragd her und rolle sie aus. Schneide das Blatt aus und befestige es am Apfel. Drücke mit einem Zahnstocher Blattadern ein.

6 **Forme zwei Stückchen** Schokobraun zu einem Stiel und einer Apfelblüte, die du am Apfel festdrückst. Die Nase formst du aus Himbeerrot.

7 **Härte den Apfel** und die Karotte im Backofen. Nach dem Abkühlen malst du die Gesichter auf klebst zwei Magnete auf die Rückseite.

Hübsche Schmuckdose
mit Salzteig gestaltet

Das brauchst du

½ Grundrezept Salzteig
Lebensmittelfarbe in Blau, Gelb, Orange und Grün
1 TL Kakao
Spandose, ø ca. 12,5 cm
Acrylfarbe in Türkis, Dunkeltürkis und Gelb
Klarlack
Messer oder Prickelnadel
Teigroller
Pinsel
Vorlagenbogen A

1 Färbe den Salzteig ein. Du benötigst größere Stücke in Blau und Gelb und kleinere Stücke in Orange, Grün und Braun.

2 Rolle aus dem blauen Teig eine ca. 3 mm starke Platte aus, übertrage die runde Vorlage und schneide sie aus. Glätte die Ränder vorsichtig.

3 Fertige mithilfe der Vorlage eine gelbe und eine orangefarbene Blume sowie drei grüne Blätter und einen Blütenstempel in Braun an.

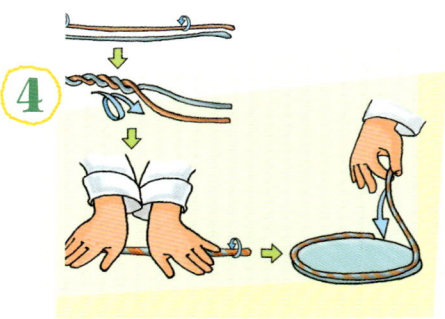

Rolle je ein blaues und ein orangefarbenes Stück Teig zu einer etwa 5 mm dicken Schlange aus und verdrehe sie ineinander. Rolle die Schlange weiter, sodass eine glatte Oberfläche entsteht. Die Rolle legst du rund um die blaue Salzteigscheibe und drückst sie vorsichtig fest.

(5)

Lege alle Teile auf ein mit Backpapier belegtes Backblech und trockne sie im Ofen. In der Zwischenzeit kannst du die Spandose bemalen und gut trocknen lassen. Nach dem Abkühlen klebst du die Salzteigteile wie auf dem Foto zu sehen auf die Dose. Klarlack lässt die Dose toll glänzen!

Regenbogenbunter Schmuck

Perlen aus Fimo®

Das brauchst du

Fimo® in Sonnengelb, Mandarine, Indischrot, Himbeere, Pflaume, Pfefferminz und Apfelgrün
Glasperlen in Blautönen, ø 6 mm
Gummiband in Weiß, 2 mm stark
Zahnstocher

1 **Rolle aus Fimo®** viele bunte Perlen. Sie sollten etwa 2,5 cm groß sein. Natürlich kannst du auch größere oder kleinere Perlen formen oder andere Farben verwenden!

2

Bohre mit dem Zahnstocher Löcher durch die Perlen.

3 **Härte die Perlen** im Backofen und lass sie anschließend auskühlen.

4

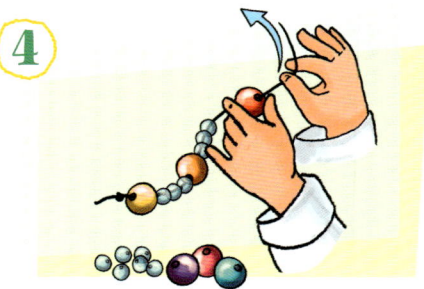

Nun kannst du mit dem Fädelspaß beginnen: Fädle immer abwechselnd Fimo®-Perlen und Glasperlen auf das Gummiband, ganz so wie es dir gefällt! Fertig ist dein eleganter Schmuck in Regenbogenfarben!

Edles Schreibtischutensilo
für deine Stifte

Das brauchst du

½ Packung selbsttrocknende Modelliermasse in Granitoptik
Glasnuggets in Türkis, ø 2 cm
Mosaiksteinchen in Hellgrün
Glitzerkleber in Dunkelblau
Alleskleber
Teigroller
Modellierholz
Messer oder Prickelnadel
Vorlagenbogen A

Lege das Rechteck um den Kreis und drücke es fest. Die Seitenränder verbindest du mithilfe eines Modellierhölzchens miteinander. Lass das Utensilo gut trocknen. Dies kann ein bis zwei Tage dauern.

① **Rolle die Modelliermasse** zu einer 5 mm starken Platte aus. Schneide mithilfe der Vorlage das Rechteck und den Kreis aus. Glätte die Ränder.

Verziere das Utensilo mit Glasnuggets und Mosaiksteinchen sowie mit blauem Glitzerkleber. Nach dem Trocknen kannst du deine Stifte darin aufbewahren. Praktisch, oder?

Über den Wolken
Flugzeug kinderleicht geknetet

Das brauchst du

Knete in Blau, Rot, Hellgrün und Gelb
Schaschlikstäbchen
Zahnstocher
Messer oder Prickelnadel

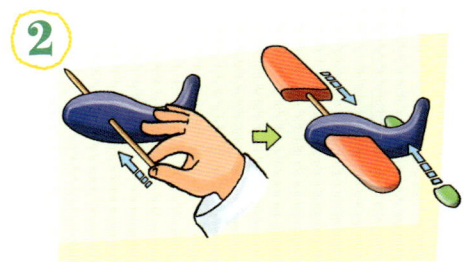

 **Forme aus der blauen Knete** den Flugzeugrumpf, du kannst dich dabei an dem Foto orientieren.

Aus der roten Knete fertigst du die Tragflächen an. Forme dazu eine große ovale Platte und schneide sie in der Mitte durch. Dann drückst du sie ans Flugzeug. Du kannst auch ein Schaschlikstäbchen durch den Rumpf bohren und die beiden Tragflächen an jeder Seite darauf aufspießen. Lass dir dabei von einem Erwachsenen helfen.

3 **Aus der grünen Knete** formst du die Höhenruder. Fertige eine kleine ovale Platte und schneide sie in der Mitte durch. Drücke die beiden Teile ans Flugzeug. Du kannst sie auch mit zwei Zahnstocherstückchen befestigen.

Forme aus der gelben Knete kleine Fenster und bringe sie am Flugzeugrumpf an. Und schon kann dein Flugzeug in die Lüfte steigen!

Gruselparty im Kinderzimmer
Leuchtende Gespenster aus Fimo®

Das brauchst du

Fimo® in Schokolade, Caramel und 3 x nachtleuchtend
Perlen in Blautönen, ø 6 mm
Nylonschnur
Holzring, ø 20 cm
Satinband in Dunkelblau, 12 mm breit, ca. 4 m lang
Bast in Hellblau, 4 cm x 30 cm
Lackmalstifte in Schwarz und Weiß
Alleskleber
Messer oder Prickelnadel
Vorlagenbogen A

① Rolle das nachtleuchtende Fimo® aus und fertige daraus nach der Vorlage drei Gespenster und fünf Sterne an. Glätte alle Ränder mit deinem Finger.

② Rolle eine Platte aus schokobraunem Fimo® aus und schneide mithilfe der Vorlage die Fledermausflügel aus. Den Körper formst du aus einer Rippe caramelfarbenem Fimo® für den Kopf und zwei Rippen für den Bauch. Forme dreieckige Ohren und befestige sie am Kopf.

Lege alle Teile auf ein mit Backpapier ausgelegtes Backblech. Stich mit einem Zahnstocher in alle Teile Löcher zum Aufhängen. Härte nun alles im Backofen.

Nach dem Abkühlen kannst du mit den Lackmalstiften Gesichter aufmalen und das Mobile zusammenbauen. Schneide dazu verschieden lange Stücke von der Nylonschnur ab und binde sie an die Sterne, Geister und Fledermäuse. Fädle blaue Glasperlen dazwischen.

Binde alles an dem Holzring fest
und umwickle die Fäden mit Klebeband, damit nichts verrutscht. Knote den Bast an und verknote die oberen Enden. Bestreiche den Ring mit Kleber und wickle das blaue Stoffband darum, sodass alle Knoten verdeckt sind. Viel Spaß bei der Gruselparty!

Maustipp
zum Basteln und Spielen

⭐ Du kannst auch einzelne Gespenster, Fledermäuse und Sterne in deinem Zimmer aufhängen oder sie mit doppelseitigem Klebeband an der Wand befestigen!

Dein Memospiel
selbst modelliert

Das brauchst du

lufttrocknende Modelliermasse in Weiß
Acrylfarbe z. B. in Rot, Gelb, Türkis, Hellgrün, Dunkelblau, Weiß und Orange
Gegenstände zum Verzieren der Kärtchen, z. B. Gabel, Sieb, Deckel von Filzstiften,
Ausstechformen Stern und Herz
Teigroller
Messer oder Prickelnadel
Pinsel
Vorlagenbogen A

① Rolle die Modelliermasse zu einer etwa 4 mm starken Platte aus und schneide daraus mithilfe der Vorlage mehrere 5,5 cm x 5,5 cm große Kärtchen aus. Die Reste kannst du wieder zusammenkneten und neu ausrollen.

②

Verziere immer zwei Kärtchen mit dem gleichen Muster. Du kannst mit einer Gabel Löcher einpieken, mit einem Zahnstocher Wellen einritzen oder mit Ausstechformen verschiedene Muster eindrücken.

③ Lege alle Kärtchen auf ein Backblech oder eine glatte Unterlage und lasse sie trocknen. Dies kann etwa ein bis zwei Tage dauern! Drehe sie von Zeit zu Zeit um.

Wenn deine Kärtchen getrocknet sind, kannst du sie bunt bemalen. Färbe zum Schluss die Ränder und die Rückseiten der Kärtchen mit Weiß ein, damit sie umgedreht gleich aussehen.

⑤ **Zum Spielen** legst du alle Kärtchen mit dem Gesicht nach unten auf den Tisch. Nacheinander deckt jeder Spieler zwei Karten auf. Wer findet die meisten Kartenpaare?

Hier wohnt die Prinzessin!
Dein Türschild aus Salzteig

Das brauchst du

Grundrezept Salzteig
Lebensmittelfarbe in Lila,
Grün, Gelb und Blau
1 TL Kakao
wasserfester Filzstift
in Schwarz
Glanzlack
Bildaufhänger
Teigroller
Knoblauchpresse
Vorlagenbogen A

Fertige nun alle weiteren Teile wie abgebildet an. Füge alles zusammen.

1 Färbe etwa die Hälfte des Teigs lila, den Rest teilst du auf und färbst ihn Grün, Braun, Blau und Gelb ein.

2 Rolle den lila Salzteig etwa 7 mm stark aus und schneide die beiden Türme und die Burgmauer aus. Benutze dafür die Vorlage.

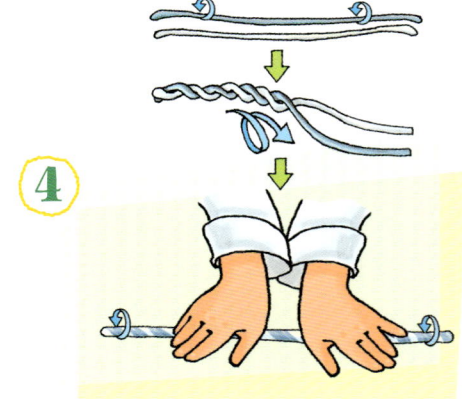

Aus Salzteig in Blau und Natur rollst du jeweils eine ca. 5 mm dicke Schlange. Verdrehe beide miteinander und rolle sie glatt. Mit dieser Schlange schreibst du deinen Namen auf das Schloss.

5 **Drücke ein grünes Stück Salzteig** durch eine Knoblauchpresse. Die so entstandenen Grashalme bringst du vorsichtig unten am Schloss an.

6 **Trockne dein Zauberschloss** im Backofen. Dann malst du der Prinzessin mit dem Wasserfesten Filzstift ein Gesicht auf und lackierst das ganze mit Glanzlack. Klebe auf der Rückseite den Bildaufhänger an. Fertig ist dein zauberhaftes Türschild!

Maustipp
zum Basteln und Spielen

⭐ Am besten legst du die Burgmauer und die Türme gleich auf das Backblech und arbeitest auf dem Blech weiter. So musst du das Schloss nicht mehr hochheben und es kann sich nichts mehr verformen!

Witzige Fingerpuppen
Eule, Kater und Bär

Das brauchst du

½ Packung lufttrocknende Modelliermasse ultra light in Weiß
Acrylfarbe in Hellbraun, Weiß, Rot, Orange, Rosa und Lila
Karoband in Hellgrün, 4 mm breit, 12 cm lang
Lackmalstift in Schwarz
Modellierholz
Pinsel
Vorlagenbogen A

1 **Forme aus der** weißen Modelliermasse drei Kugeln, die etwa 6–7 cm groß sind.

2

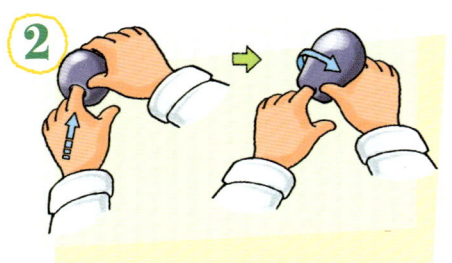

Drücke in jede Kugel mit deinem Zeigefinger ein Loch. Nun modellierst du um deinen Finger herum die Formen der Tiere wie auf dem Vorlagenbogen.

3 **Die Eule bekommt** als Ohren zwei ganz kleine Dreiecke, der Kater zwei größere Dreiecke und der Bär zwei kleine Kugeln, die du etwas platt drückst. Drücke die Ohren vorsichtig an den Köpfen an und glätte die Ränder mit einem Modellierhölzchen.

4

Schneide den Körper der Eule an beiden Seiten mit einem flachen Modellierhölzchen oder einem Messer ein, damit die Flügel entstehen. Der Kater und der Bär bekommen noch runde Nasen.

5 **Lass deine Fingerpuppen** etwa ein bis zwei Tage trocknen. Dann kannst du sie anmalen und Augen, Mund, Haare, Pfoten und rosa Öhrchen aufmalen. Der Bär freut sich über einen Schal aus Karoband!

Bunte Schälchen
aus Gips gemacht

Das brauchst du

pro Schüssel oder Teller
etwa 3 m Gipsverband
Acrylfarbe in Rot, Blau
und Weiß
verschiedene Schüsseln
(ø etwa 14 cm) und Teller
(ø etwa 23 cm)
Schüssel mit lauwarmem
Wasser
Zeitungspapier
Schere
Pinsel
Klarlack

1 Decke deinen Arbeitsplatz gut mit Zeitungspapier oder einer abwaschbaren Tischdecke ab! Schneide den Gipsverband in etwa 10 cm lange Stücke.

2

Tauche ein Verbandstück in die Schüssel mit warmem Wasser, drücke es aus und lege es glatt auf die Schüssel oder den Teller. Eine Schüssel wird außen mit Gips beklebt, der Teller auf der Innenfläche.

3 Befeuchte das nächste Verbandstück und lege es auf. Die Verbandstücke sollten sich etwa 5 mm überlappen, damit die Schüssel oder der Teller stabil wird. Du solltest mindestens drei bis vier Lagen übereinander arbeiten! Streiche alles immer wieder glatt.

4

Lass die Schüssel oder den Teller gut trocknen. Anschließend kannst du sie bemalen. Wenn du möchtest, kannst du Lack auftragen, damit er glänzt!

Maustipp
zum Basteln und Spielen

⭐ Du kannst den Teller auch mit Schlangenlinien oder Ähnlichem verzieren: Breite dann das Verbandstück nicht glatt aus, sondern rolle es zusammen. Lege daraus das Muster, drücke es fest und streiche die Ränder der Muster glatt.

Achtung, Piraten!
Warnhinweis aus Salzteig

Das brauchst du

- Grundrezept Salzteig
- Lebensmittelfarbe in Blau, Rot, Grün, Gelb
- 1 TL Kakao
- wasserfeste Filzstifte in Schwarz und Rosa
- Messer oder Prickelnadel
- Teigroller
- Bildaufhänger
- Vorlagenbogen B

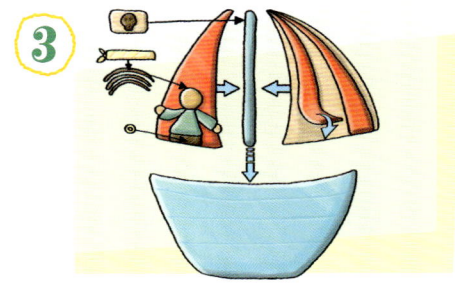

1 Färbe die Hälfte des Salzteigs blau, den Rest teilst du auf und färbst ihn rot, grün, gelb und braun.

2 Rolle den blauen Teig aus und schneide das Schiff daraus. Benutze dafür die Vorlage. Rolle aus einem blauen Reststück den Mast und befestige ihn am Rumpf.

Alle anderen Teile fertigst du mithilfe der Vorlage aus den anderen Salzteigfarben an und ordnest sie wie abgebildet auf dem Schiff an.

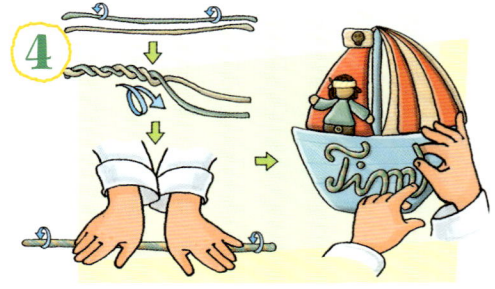

Deinen Namen schreibst du mit einer grün-gelben Schlange auf das Schiff. Trockne dein Piratenschiff im Backofen.

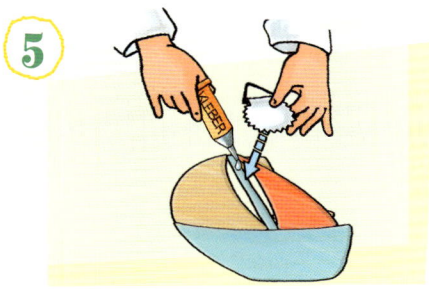

Nach dem Abkühlen malst du dem Piraten mit Filzstift ein Gesicht auf. Lackiere dein Türschild mit Klarlack und klebe auf der Rückseite den Bildaufhänger fest. Fertig ist dein Piratenschiff-Türschild!

Kaffeekränzchen
Schönes Geschirr für deine Puppen

Das brauchst du

- ½ Grundrezept Salzteig
- Lebensmittelfarbe in Blau
- Acrylfarbe in Helltürkis, Türkis, Weiß, Hellgelb und Rosa
- Pinsel
- Teigroller
- Messer oder Prickelnadel
- Vorlagenbogen B

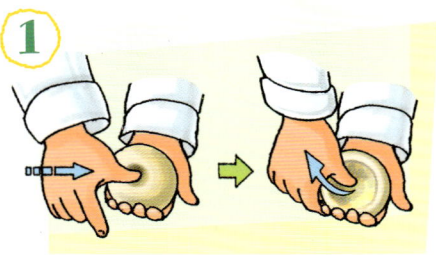

Färbe den Salzteig blau ein. Aus einer Kugel von etwa 6 cm Durchmesser modellierst du die Tasse: Lege die Kugel in deine Handfläche und drücke mit der anderen Hand eine Delle hinein. Ziehe nun mit Daumen und Zeigefinger die Tassenwände vorsichtig hoch.

Aus einem kleinen Stück Teig formst du eine Rolle und befestigst sie als Henkel an der Tasse.

Rolle den restlichen Teig zu einer etwa 3 mm dicken Platte aus, übertrage die Vorlage darauf und schneide zwei Untertassen und einen Keksteller daraus. Glätte die Ränder.

Trockne das Geschirr im Backofen einige Stunden und lasse es anschließend abkühlen. Dann kannst du Tassen und Teller mit deinem Lieblingsmuster bemalen!

Maustipp
zum Basteln und Spielen

⭐ Lege den Keksteller zum Trocknen im Ofen auf eine echte Untertasse, um an den Rändern eine Wölbung zu erhalten.

Ab in die Badewanne
mit deinem schwimmenden Delfin!

Das brauchst du

**Schwimmknete in Blau, Weiß und Schwarz
Messer oder Prickelnadel
Vorlagenbogen B**

Mische die blaue und weiße Knete zu Hellblau, indem du beide Farben gut miteinander durchknetest. Schneide von der Knete etwa ein Viertel ab und forme daraus zwei Seiten- und eine Rückenflosse, die alle die Form eines Dreiecks haben. Benutze dafür die Vorlage.

① Nimm von der weißen Knete ein ganz kleines Stück weg. Du benötigst es später für den Mund des Delfins.

③ Für den Körper brauchst du als Grundform ein Ei. Die schmale Seite des Knet-Eis formst du zur Schwanzflosse, die dickere Seite als Kopf. Nimm am besten die Vorlage zu Hilfe. Befestige die drei Flossen am Delfinkörper.

Maustipp
zum Basteln und Spielen

⭐ Und so geht das Spiel: Legt die bunten Sterne in eine Reihe. Wo die Reihe beginnt, ist der Start, wo sie aufhört, ist das Ziel. Würfelt nun abwechselnd. Welche Farbe hast du gewürfelt? Rücke auf den nächsten Stern, der die gleiche Farbe hat. Würfelst du das X, musst du leider aussetzen. Würfelst du Orange und auf dem Weg zum Ziel ist kein orangefarbener Stern mehr, musst du leider wieder zurück zum letzten orangefarbenen Stern. Wer führt den Zauberer als Erster ins Ziel?

Pünktchen, das Huhn
aus einer Kugel geformt

Das brauchst du

lufttrocknende Modelliermasse in Weiß
Acrylfarbe in Dunkelblau, Hellt ürkis, Rot, Gelb und Weiß
Filzstift in Schwarz
2 Wackelaugen, ø 12 mm
2 gleich große Müslischalen, ø ca. 12 cm
Teigroller
Frischhaltefolie
Messer oder Prickelnadel
Modellierholz
Zahnstocher
Holzstäbchen
Pinsel
Vorlagenbogen B

Kleide jede Schale mit Frischhaltefolie aus. Schneide von der Modelliermasse etwa ein Drittel ab. Den Rest knetest du gut durch und halbierst ihn. Aus jeder Hälfte formst du eine Kugel. Drücke sie flach und lege je eine in die Schalen.

Modelliere vorsichtig die Form der Schale heraus, sodass zwei Halbkugeln entstehen. Schneide die Ränder gerade ab. Lasse die Halbkugeln trocknen, bis sie sich nicht mehr verformen lassen.

③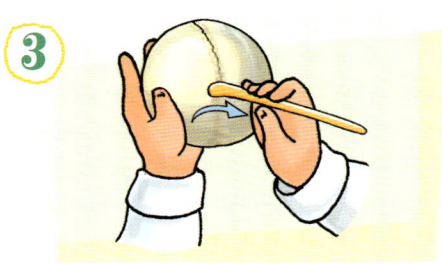

„Klebe" die Kugeln mit frischer Modelliermasse zusammen und verstreiche die Verbindungen sorgfältig.

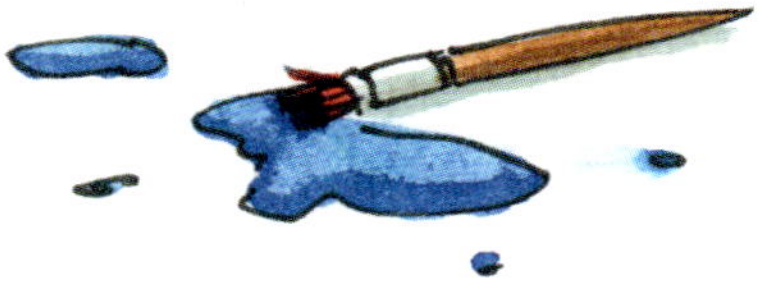

④ 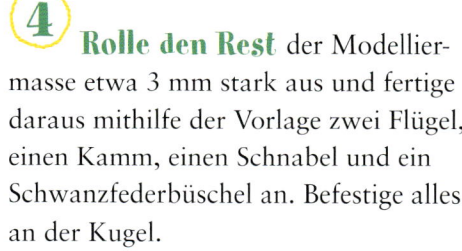 **Rolle den Rest** der Modelliermasse etwa 3 mm stark aus und fertige daraus mithilfe der Vorlage zwei Flügel, einen Kamm, einen Schnabel und ein Schwanzfederbüschel an. Befestige alles an der Kugel.

⑤ **Lasse das Huhn** einige Tage trocknen. Dann kannst du es bemalen. Die Punkte tupfst du mit einem Holzstäbchen auf. Klebe die Wackelaugen auf und male mit schwarzem Stift Wimpern und Augenbrauen.

Mmmh, lecker!
Muffins und Lollis aus Essknete

Das brauchst du

**Essknete in Rot, Gelb, Blau und Grün
Zuckerkonfetti
Papierförmchen für Muffins und Pralinen
Schaschlikstäbchen
Teigroller
Messer oder Prickelnadel**

Verziere deine Muffins wie abgebildet mit einer dünn ausgerollten runden Teigplatte und einer kleinen Teigkugel als Kirsche. Zum Schluss kannst du auch noch Zuckerkonfetti aufstreuen.

Für die Muffins formst du aus Essknete z. B. in Gelb eine Kugel, die genau in das Papierförmchen passt. Die Mini-Muffins fertigst du genauso wie die großen Muffins an und setzt sie in die Pralinenförmchen.

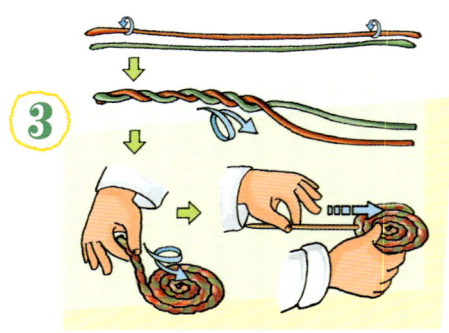

Für die runden Lollis brauchst du zwei oder drei etwa 5 mm dicke Teigrollen in verschiedenen Farben. Verdrehe die Schlangen miteinander und rolle sie zu einer Schnecke auf. Stecke zum Schluss ein halbes Schaschlikstäbchen als Lollistiel in den Teig.

④ Für die länglichen Lollis forme drei kürzere und dickere Rollen (etwa 1,5 cm breit). Verdrehe sie leicht miteinander und stecke sie auf ein Holzstäbchen.

⑤ Backe alle Süßigkeiten auf dem Backblech nach Packungsangaben.

Maustipp
zum Basteln und Spielen

⭐ Für einen großen Muffin benötigst du natürlich sehr viel Essknete. Wenn du also viele Sachen backen möchtest, solltest du lieber Mini-Muffins anfertigen! Wie wäre es mit einem Kaffeekränzchen für deine Freunde? Als „Geschirr" kannst du die Tassen und Teller von Seite 30/31 verwenden.

Kleine Knet-Eule
flattert ganz aufgeregt

Das brauchst du

Knete in Hellbraun, Dunkelbraun, Gelb, Orange und Blau
Messer oder Prickelnadel
Teigroller

2 Rolle ein Stück Knete in Dunkelbraun aus und schneide daraus zwei tropfenförmige Flügel. Befestige sie nach dem Glätten der Ränder mit der spitzen Seite nach unten am Eulenkörper.

3 Die Augen machst du aus zwei kleinen gelben Kügelchen, die du flachdrückst. Drücke sie vorsichtig am Kopf des Vogels fest. Die Pupillen ergänzt du aus blauen Knetkügelchen und zwei weißen als Lichtpünktchen, wenn du möchtest.

1

Forme aus der hellbraunen Knete einen ovalen Bauch und einen runden Kopf. Am Kopf modellierst du vorsichtig zwei spitze Ohren aus der Kugel heraus.

4

Aus der orangefarbenen Knete formst du einen Schnabel und zwei Füße. Füge alles mit der Eule zusammen.

Maustipp

zum Basteln und Spielen

 Zur Eule würden noch andere Tiere des Waldes passen. Welche fallen dir ein? Wie würdest du z. B. einen Fuchs oder einen Bären kneten? Vielleicht ist deine Eule Mama und hat Eulenjunge. Knete doch noch zwei Eulenbabys und ein Nest dazu!

Lustige Kugelraupen
Schmuck für die Topfpflanzen

Das brauchst du

**lufttrocknende Modelliermasse, ultra light, in Weiß
Schaschlikstäbchen
Acrylfarbe in Gelb, Orange, Rot und Weiß
Lackmalstifte in Schwarz und Weiß
Papierdraht in Orange, Dunkelblau und Gelb, je 10 cm
Pinsel
Zahnstocher
Alleskleber**

② Am Kopf bohrst du mit einem Zahnstocher zwei Löcher für die Fühler. Lasse die Raupe trocknen.

Anschließend kannst du deine Raupe bunt bemalen. Die Punkte tupfst du mit der Rückseite eines Schaschlikstäbchens auf.

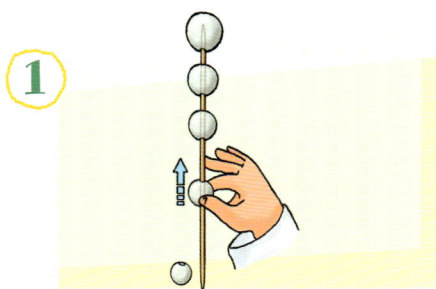

① Rolle aus der Modelliermasse verschieden große Kugeln. Stecke die Kugeln mit etwas Abstand auf ein Schaschlikstäbchen. Achte darauf, dass du die Kugel für den Kopf nicht ganz durchbohrst!

④ Nachdem die Farbe getrocknet ist, kannst du das Gesicht mit Lackmalstiften aufmalen. Klebe die Papierdrahtstücke in die vorgebohrten Löcher und rolle sie zu Fühlern auf.

Maustipp
zum Basteln und Spielen

⭐ Auf dem Foto siehst du verschiedene andere bunte Raupen! Bemale die lustigen Tierchen, wie es dir gefällt! Vielleicht fallen dir noch ganz andere Farbkombinationen und Muster ein? Die bunten Raupen sehen witzig in Blumentöpfen aus!

Wolliges Schäfchen
aus Knete gemacht

Das brauchst du

**Knete in Weiß, Braun, Rot und Schwarz
Zahnstocher**

1 **Trenne von der** weißen Knete etwa ein Drittel ab. Aus dem Rest rollst du einen ovalen Bauch für das Schaf. Aus dem anderen Stück stellst du einige dünne Rollen her. Drücke sie vorsichtig in vielen Schlingen am Bauch des Schafes fest.

2 **Von der braunen Knete** brauchst du etwa eine halbe Stange. Forme daraus einen ovalen Kopf, zwei kleine Ohren und vier Beine.

3 **Den Kopf befestigst** du mithilfe eines Zahnstocherstücks am Bauch, die Ohren und die Beine drückst du vorsichtig an.

4 **Aus einem ganz kleinen Stück** roter Knete formst du eine Nase. Gib deinem Schaf noch kleine schwarze Knetekügelchen als Augen und drücke vorsichtig eine weiße Rolle in einigen Schlingen oben am Kopf fest.

Maustipp

zum Basteln und Spielen

⭐ Probiere mit schwarzer Knete auch ein Schaf mit schwarzer Wolle aus und wenn du Freude daran hast, modelliere eine ganze Schafherde – auch mit kleineren Schäfchen, den Lämmchen.

Rein in die gute Stube!
Süße Puppenmöbel

Das brauchst du

- lufttrocknende Modelliermasse in Weiß
- Acrylfarbe in Hellgrün und Dunkelgrün
- Modellierholz
- Messer oder Prickelnadel
- Teigroller
- Pinsel
- Vorlagenbogen B

1 **Für die Tischplatte** formst du aus einem Stück Modelliermasse eine Kugel und rollst sie zu einer ovalen Platte aus. Sie sollte etwa 7 mm dick sein. Für die Beine machst du eine Rolle und schneidest sie in gleich lange Stücke.

2

Rolle eine etwa 7 mm dicke Platte aus und schneide daraus mithilfe der Vorlage zwei Sitzflächen und zwei Stuhllehnen. Setze die Teile zusammen und glätte die Übergänge mit einem Modellierhölzchen.

3 **Für die Stuhlbeine** rollst du etwas Modelliermasse und schneidest sie in acht gleich lange Stücke.

46

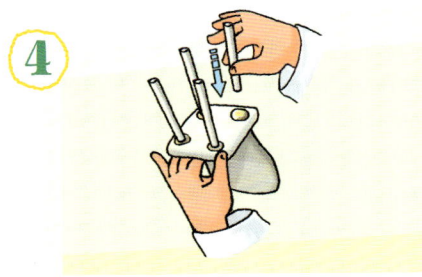

④ Bevor du die Stuhl- bzw. Tischbeine anbaust, solltest du alles etwa einen Tag trocknen lassen. Befestige die Beine mit etwas frischer Modelliermasse. Glätte die Übergänge mit dem Modellierhölzchen.

⑤ Wenn alles getrocknet ist, kannst du die Stühle und den Tisch bemalen.

Maustipp
zum Basteln und Spielen

⭐ Richte zusammen mit deinen Möbeln eine ganze Puppenstube ein! Du kannst z. B. einen größeren Schuhkarton wie ein einzelnes Zimmer oder eine Wohnung gestalten, indem du die Wände mit buntem Geschenkpapier als Tapete beklebst, Stoffreste als Teppich auf dem Boden auslegst und kleine Bilder malst, die du an die Wände hängst. Wenn du möchtest, schneide noch Türen und Fenster aus – ein gemütliches Zuhause für deine Puppen!

Die Autorin

Birgit Kaufmann erblickte 1982 in der Nähe von Regensburg das Licht der Welt, wo sie sich heute zusammen mit ihrem Mann ein gemütliches Zuhause eingerichtet hat. Seit Januar 2010 wird sie von Ihrer kleinen Tochter Ronja auf Trapp gehalten. Schon vor ihrer „Babypause" hat Birgit Kaufmann Bücher – vor allem für Kinder – im frechverlag veröffentlicht und tut dies mit Freude und tatkräftiger Unterstützung ihrer Familie bis heute. Durch ihre Arbeit als Erzieherin in der Krippengruppe eines Kindergartens kann sie ihre Einfälle mit Kindern aller Altersgruppen gut ausprobieren.

Danke!

Vielen Dank an die Firmen Rayher und Staedtler für ihre freundliche Bereitstellung von Material.

Unser Service für Sie

Wenn Sie Fragen zu den Anleitungen in diesem Buch haben, schreiben Sie einfach eine Mail an: info@dmv-kreativ.de. Wir helfen Ihnen gerne weiter.

Impressum

Modelle: Birgit Kaufmann
Fotos: frechverlag GmbH, 70499 Stuttgart; www.fotolia.de: S. 8 (mbt_studio), S. 36 (Dusan Kostic); lichtpunkt, Michael Ruder, Stuttgart (alle übrigen)
Illustrationen: Antje Hagemann
Schrittillustrationen: Ursula Schwab
Konzept: Angela Vornefeld und Carolin Eichenlaub
Produktmanagement: Carolin Eichenlaub und Angela Vornefeld
Lektorat: Dr. Christine Schlitt und Carolin Eichenlaub
Layout: Petra Bachmann
Umsetzung Layout: Katrin Röhlig; Arnold & Domnick, Leipzig
Druck und Bindung: Finidr s.r.o., Tschechische Republik

1. Auflage 2012

© 2012 frechverlag GmbH, 70499 Stuttgart
www.topp-kreativ.de

ISBN 978-3-7724-5704-3
Best. Nr. 5704